害羞內向的人，這樣說話增加好感度

気弱さんのための
言いにくいモノの言い方

諮商心理師 **五百田達成** 監修

180個情況劇實際演練，讓你學會看場合說話，不白目、不踩雷

前言

害羞內向是一種了不起的才能！

先請問各位，你覺得害羞內向是糟糕的嗎？

・無法好好表達自己的意見。
・無法清楚展現自己的態度。
・很容易被別人的氣勢壓倒。
・過度在意別人的眼光。

上述都是害羞內向者的特徵，相信這類人並不少見才對。正在閱讀本書的你，恐怕也中了幾項吧。

害羞內向者之所以有這些表現，乃因為他們擁有體會別人心思的感受力，以及在行動前就預測結果的想像力。這些能力讓人富同理心、凡事三思而後行，即便在職場上的表現並不出色，依然能藉善體人意、配合度高的特質而贏得「做事可靠」的印象。換句話說，害羞內向者的特徵具有這些「優點」，堪稱是一種了不起的才能。

然而，一如守備力強、攻擊力弱的足球隊伍，害羞內向者無法光憑害羞內向得分。如果你覺得你的害羞內向造成人際關係上的困擾，就該改變行為模式，充分發揮害羞內向的優點。

學會轉念、閃人、當耳邊風

我們日常生活中的溝通交流，多半具目的性，只要目的達到即可，不必在意心靈層次的交流。例如，職場上的溝通交流是為了工作順利，就這層意義而言，其實與事務處理無異。因此，你大可像玩電玩般，抽離個人情緒，純粹用技術來處理。

面對不懂得體諒他人的人，如果他的言行出現攻擊性，你可以趕快找個理由閃人，以免受到壓力和傷害。只要理由夠充分，對方就不會覺得是被你強行打斷談話了。

此外，沒有同理心的狠話非常危險，千萬不要糾結其中，當耳邊風才是自保之道。若能如此，自然不會有產生摩擦的「尖尖角角」，而能「圓融」處世，這點正是害羞內向者的武器。

能不能幫我做一下這個？
咦?!

CONTENTS

chapter 1

拒絕他人

可以斷然拒絕、委婉拒絕、或岔開話題閃人，只要正向積極地說ＮＯ。

chapter 2

請託別人

請託、邀約、催促別人……時，請直接了當且清楚的說明。

chapter 3

提供意見

忠告、建議、批評、抱怨他人……時，要將「否定式話語」改成「正向積極的話語」。

chapter 4

向他人道歉

不要找藉口，應誠心誠意地表示歉意

chapter 5

安慰他人時

如果有扳回一城的機會，
就幫忙加油打氣。
如果無法挽回而徒留悲嘆，
就寄予關心和同情。

COLUMN

Chapter 1 拒絕他人

可以斷然拒絕、委婉拒絕

或岔開話題閃人，

只要正向積極地說NO。

正向積極地說NO，維持良好關係。

許多人都很擅長說「NO」，如果你自認個性偏向害羞內向，那肯定更不會說「NO」了。不會說「NO」並非不好，但是，想拒絕就大方說「NO」，才不會承受太大壓力。只要選用不讓對方不悅的應對方式，對方就不會介意，也就能維持良好的人際關係了。

① 面對邀約時，先表達感謝，做出正面回應

當你接到工作或聚餐的邀約，不論內容為何，第一時間都應先表達感謝，例如「謝謝你的邀請」、「感謝你的邀約」。若能再加上一句「好棒喔」、「真開心」等正向用語，給人的印象就更加分了。至於「YES」或「NO」，可以進一步了解後再下判斷。

② 拒絕時，應同時利用緩衝語並說明理由

說「NO」時，應善用可以緩和語氣及氣氛的緩衝語，例如「不好意思，讓你費心了」、「抱歉，真不湊巧」、「沒能幫上忙，真過意不去」，同時清楚地表明拒絕的理由。「我已經有約了」、「最近很忙」等極其平常的理由也無妨。

③ 表達遺憾之意，並期待下次的邀約

說完「NO」後，應再補上一句「非常遺憾」，同時用遺憾的表情讓對方感受到你的心情。面無表情會讓人感受不到遺憾之情，因此你還得有點演技才行。最後應說聲「期待下次」表示你的盼望，才不會摧毀掉人際關係發展的幼苗。

我們無法預測上述1、2、3的哪一步驟能發揮作用，因此建議全部照做一遍。

想拒絕上司交付的高難度工作。

#上司 #困難的工作

例句 1

我怕我無法勝任。
請讓我從旁協助就好。

例句 2

我想我無法勝任。
不過，我很想學習，**希望能從旁協助。**

重點解說

如果你感覺到現場氣氛讓人無法拒絕，你可以換個方式，向上司要求不讓你當主要負責人，而是從旁協助。如果你沒有當好負責人的自信，但對那件工作很感興趣，不妨主動提出例句2的建議。

想拒絕上司或同事拜託的無聊工作。

例句 1

方便的話，這件事可不可以用〇〇的方式來做？

例句 2

現在嗎？

重點解說

如果你覺得那工作很無聊，但又躲不掉，可以用例句1的方式，主動提出更有效率的做法。即便你很不想做，但這種表達方式會讓上司覺得「你是個能主動提出想法、態度積極的人」。如果你採用例句2，但對方回答「是的，現在」時，請參考下一頁的選項。

#上司、同事 #幫忙

想拒絕「幫我一下」的請託。

例句 1

不好意思，**我動作太慢，**
現在忙得不可開交。

例句 2

呃，**（看錶）**不好意思，
我現在剛好有一點事（慌忙狀）。

重點解說

例句1是用忙碌當擋箭牌，而說「動作太慢」也有一種「我不想給你添麻煩」的暗示。例句2是用「有一點事」來對付對方的「幫我一下」，必須加上表情和行為（故作慌忙狀）來表達。

能不能幫我做一下這個？
咦?!
拜託～
我今天有事吔……
可是，就這樣拒絕，她會生氣吧……
呃
不好意思，我現在剛好「有一點事」
以牙還牙一下～！
用「有一點事」對付對方的「幫我一下」！
……喔，那就沒辦法了
呵

想拒絕下班前的緊急工作。

#上司、同事 #緊急工作 #加班

例句1

不好意思，今天我家有事，不能加班。

例句2

可是，我好像感冒了……

重點解說

比起從前，現在有更多企業重視工作與生活的平衡，普遍接受「家裡有事」的狀況。而例句2的「好像感冒」、「有點發燒」，已經成為新冠疫情肆虐下的好理由；但請裝得像病人些，語氣虛弱點。

想拒絕客戶提出新企畫案的拜會活動。

例句 1

很抱歉，敝公司內部已在討論幾個類似的企畫案了，**請容我暫時婉謝你的拜訪。**

例句 2

你的提案，我已經跟上司討論過了，**我們認為預算上有困難。**

重點 解說

拒絕時都應說明理由，但不必全是事實。重點是讓對方感受到「那就沒辦法了」而放棄。如果想保留再討論的可能性，可以用例句1，表達「暫時婉謝」的意思。

工作上的拒絕

#客戶 #推銷

想拒絕熟人提出的條件差勁的請託。

#熟人　#惡劣條件

例句1

你的事我很想幫忙，但很不巧，我手上事情太多了。

例句2

我很怕我會給你添麻煩，還是不要好了。

重點解說

或許你心裡很氣：「那種事幹嘛找上我？」但還是要用帶著歉意的表情說出例句1和例句2。

想拒絕前輩的喝酒邀約。

例句 1

謝謝你約我，但我很不會喝酒，
如果改成吃午飯或喝午茶，我會很開心的。

例句 2

很不好意思，我今天（〇〇日那一天）有約了。
下次再麻煩你約我。

重點解說

不會喝酒的人，不要讓對方誤以為你是「不想跟他一起」，應清楚表達「是因為我不會喝酒」，然後主動提議是否改為吃午餐或喝下午茶。如果你不討厭喝酒，可以用「有事」這個理由來拒絕，此時，別忘了做出遺憾的表情。

社交上的拒絕

#職場　#前輩　#喝酒

拜訪客戶時，想拒絕「待會兒我們去喝酒」的邀約。

#職場 #客戶 #喝酒

例句 1

好啊！但我先打個電話好嗎？（打完電話）不好意思，我有事得回公司去。

例句 2

謝謝你的邀約，可是，**我今天有事非得回去不可。**期待下次囉！（微笑）。

重點解說

先表示感謝。反應靈活的人可以採用例句1，立即說明原委（演戲也行），留給對方好印象。對自己的反應能力沒信心的人，就用遺憾的表情加以拒絕吧。

對方用迂迴的方式邀約：「你等等有事嗎？」、「今天有空嗎？」但你想要拒絕。

例句1

我今天很忙呢……

例句2

我有一大堆事情要忙。

重點 解說

個性害羞內向的人通常很敏感，往往還沒受到邀請就開始擔心，但對方可能只是在問你有沒有空而已。如果不想受到邀約，直接回答「很忙」即可。

社交上的拒絕

#職場 #客戶 #喝酒

拒絕客戶的喝酒邀約後，對方繼續問：「那，〇〇日可以嗎？」而你仍想拒絕。

#職場 #客戶 #喝酒

例句1

好啊！可是我得回去查一下那天有沒有空，我再聯絡你好了。

例句2

行！能不能告訴我你想約哪一天，我確認那天的狀況再回覆你。

重點解說

當對方說：「〇〇日可以嗎？」除了表示詢問「那一天是否方便」外，也有詢問「你覺得如何？」的意思。這時，應先表達出「很高興你約我」、「我很想去」的心情，才不會留下拒人千里的印象。

想拒絕近似性騷擾的邀約。

例句1

公司規定，員工不能和客戶單獨出去吃飯喝酒。

例句2

這樣恐怕會招來同事異樣的眼光，我想最好不要。

重點解說

如果對方是客戶，可以用例句1，以公司規定或上司指示當擋箭牌。就算是瞎掰的理由，對方也不會知道。如果是上司，而且看來只是吃個飯，可以用例句2，以避免別人的異樣眼光為藉口而拒絕。

想拒絕擔任公司活動的負責人。

#職場 #活動 #活動負責人

例句 1

如果不跟○○撞期的話，
我很樂意承擔，但是看來……

例句 2

我有點私事，不好意思，
因為我父親的病情不太樂觀，這次真的很抱歉。

重點解說

如果公司同事全都很忙，「我很忙」便不能成為拒絕的理由。若能具體表明無法承擔的理由，對方就有可能主動作罷。如果你是因為副業很忙，當然不能直接說，這時候可以考慮以家庭的事情為由拒絕。

想拒絕同事的午餐邀約。

例句 1

不巧，我跟朋友有約了，他好像有事情要找我談。我們下次再約好了。

例句 2

謝謝你的邀請，**只是我今天很睏（或身體不舒服），**午餐想簡單解決就好，**我要回座位好好休息。**

重點解說

例句1特別強調「有事情要談」，因此應做出擔憂的表情，整個午休時間都要表現出擔憂的狀態。例句2有提出明確的理由，因此午休時間懶懶散散的話，旁人也應能理解。

社交上的拒絕

#職場　#同事　#午餐會

想拒絕上司的「加好友申請」。

#職場 #社群媒體

例句 1

我最近已不再增加好友了，不好意思。

例句 2

我的社群都只跟私下的親朋好友交流而已，不好意思。

重點解說

這種上司也會跟其他同事要求加好友，不妨聽聽其他同事的建議，盡可能簡單明瞭又不失禮貌地拒絕。

想拒絕為不熟的同事出錢祝賀。

例句 1

這是很重要的慶祝活動，但我跟他不熟，我想就不必硬湊熱鬧了。

例句 2

你們都那麼熟，只有我不是，我夾在你們中間很尷尬呢。

重點解說

或許對方以為你跟主角人物很熟，因此你必須清楚表明你們不熟，以免大家誤以為「明明很熟，你卻冷漠拒絕」。

朋友一起用完午餐後，對方說：「陪我去買東西好嗎？」而你想要拒絕。

#朋友　#購物

例句 1

不好意思，
我還有事要去忙。

例句 2

我只能陪你一下下而已喔，行嗎？

重點解說

以沒時間為由，如例句1，對方應能接受。如果不想讓對方覺得「你很難相處」，就用例句2，觀察對方的反應再說。

朋友說：「我們去吃個輕鬆的午餐吧。」沒想到那是一家高檔餐廳，因此想要拒絕。

例句 1

我家人（公司）交代，防疫期間儘量不要去外面聚餐，不好意思。

例句 2

不好意思，我這個月的**餐費預算已經見底了**。請你們好好享用吧！

重點 解說

自新冠病毒肆虐以來，很多人像例句1般，以防疫為由而拒絕聚餐。這個理由很正當，不會被說話。例句2並未直接說「餐廳消費太貴」，可委婉地傳達出期待下次聚餐的訊息。

朋友說：「我們一起去旅行吧。」但你嫌累而想要拒絕。

#朋友 #旅行

例句 1

疫情期間，公司希望大家盡量別去觀光旅行，不好意思了。

例句 2

不巧，最近我家人**（爸爸或媽媽）身體不舒服，**我不太能外出旅行。

重點 解說

在新冠病毒等感染症流行期間去旅行的話，可能會被公司、同事認為「太沒自覺了」。若以家人健康為由最經典，也最萬用。

朋友拜託：「我要出差，幫我照顧一下寵物好嗎？」但你想要拒絕。

例句 1

不好意思，我對動物毛髮過敏，幫不上忙。

例句 2

抱歉，那段時間，我剛好要出差（出門旅行）。

重點解說

即便內心覺得「我不會照顧」、「很麻煩」，也因為這話太直接而難以啟齒。不過，這樣的害羞內向者要是硬接下這差事，恐怕那段期間會一直處在「萬一發生事情怎麼辦？」的不安中，因此最好明確地拒絕。

#朋友　#寵物　#寄放

同學會才碰面的老友說：「可以加我好友嗎？」但你想要拒絕。

#老朋友　#社群媒體　#加好友申請

例句 1

我正在跟社群媒體斷捨離，不好意思喔。

例句 2

我通常不會去理會加好友申請，要是沒注意，請別見怪喔。

重點解說

「斷捨離」實在太好用了。例句2等於暗示對方或許你會不讀不回，這樣就沒人還會送出加好友申請了吧。

到別人家裡作客時，想拒絕對方招待的咖啡（不敢喝的飲料）。

例句 1

謝謝。

例句 2

不好意思。

重點 解說

到別人家裡作客時，對方如果端出的是你不敢喝的飲料，恐怕只能說「謝謝」或「不好意思」了。許多禮儀書上的建議是：「應該喝完才對。」但我認為，如果只是形式上的招待，那麼形式上表達出感謝就夠了。

社交上的拒絕

#親朋好友　#拜訪　#體貼　#不敢喝的飲料

當他人給了你多管閒事的建議。

#親朋好友 #令人困擾的好意

例句 1

真的耶。

例句 2

謝謝你的好意。

重點解說

只要對方是出於好意，就應該回以最起碼的敬意。如例句1，用附和對方的方式表示有在聽他說話，對方便能獲得滿足感。例句2用在表達拒絕時，不論別人說什麼，你都可以用這句「謝謝你的好意」來表示拒絕。

好久不見～
你最近好嗎？
好久不見了，
阿姨
交女朋友了嗎？
……沒有。
你也該交個女朋友，想想結婚的事了～
要妳管!!
刺！
謝謝妳的好意！
有事的話，隨時都可以找我商量喔～
硬要說

到別人家裡作客時，對方端出美食說：「快吃！多吃一點！」但你想要拒絕。

#老朋友　#親朋好友　#吃飯　#令人困擾的好意

例句1

全都看起來好好吃喔。可是，
看我這樣也知道，我吃很少呢（笑）。

例句2

好棒喔！
真可惜我的胃太小了，裝不下全部。

重點解說

對方只要看你吃得很開心就滿足了，因此你不必在意是否全部吃完。只要表現出每一道菜都很好吃的樣子，如果真的吃不完就遺憾地留下吧。

想拒絕不喜歡的禮物。

例句 1

謝謝。其實我正在努力實踐斷捨離，你的好意我心領就好。

例句 2

真的很謝謝！

重點 解說

如果你拒收後，那件禮物仍有其他去處，你就「表示心領」即可。但如果那件禮物是「專門為你準備的」，拒絕就太不近人情了。此時，即便不喜歡，也應表達謝意先收下，事後再去思考如何處理了。

#親朋好友 #禮物 #令人困擾的好意

有人找你加入社團，但你沒興趣，而且覺得人際關係太麻煩，因此想要拒絕。

#老朋友　#親朋好友　#社團　#勸誘

例句1

我再想一想。

例句2

下次有機會再說。

重點解說

關於社團的邀約，有時你表示沒興趣了，對方仍不死心地說：「你加入後就會愛上的」。如果這樣，就別馬上做出答覆，先拖延一下再說，搞不好過幾天他就找上別人，不再回頭找你了。例句2比較委婉，可以傳達出今後仍想繼續來往的心情。

去體驗學習課程，但尚未決定要學，想再考慮一下。

例句 1

謝謝。我還要跟家人商量一下，商量好再跟你說。

例句 2

我先回去好好考慮，謝謝你了。

重點解說

體驗過課程後仍下不了決心，表示心中有所疑慮。此時，宜用「再聯絡」的方式避開立即答覆，然後好好思考是否要報名參加。有時會因為不喜歡指導老師而失去興致。

社交上的拒絕

#學習 #勸誘

想中斷（停止）目前進行中的學習課程。

#學習 #中斷

例句 1

我決定去學其他才藝，
這個課程就先告一段落好了。

例句 2

因為家裡有事，
我想在下個月底前畢業。

重點解說

如果你日後還有可能繼續上課，那麼「先告一段落」是個安全的說辭。此外，有些學習教室有「畢業」時需準備謝禮的潛規則。無論如何，在做出決定前，最好跟你的同學討論一下。

想拒絕婆婆送的手工作品。

例句1

這個也做得好漂亮喔！上回妳送我的那一個，我朋友看到後一直誇獎，我可以把這個送給她嗎？

例句2

我可以拿到我們公司（或基金會）的**義賣會上義賣嗎？**因為我準備不了這麼棒的東西⋯⋯

重點解說

有些人會道完謝後，轉手丟掉，但害羞內向的人無法這麼毅然決然，以致東西越堆越多。尤其婆婆送的東西更難拒絕，不如在取得對方同意下，轉贈給朋友，或是拿去義賣，與大家分享婆婆的才華吧。

想拒絕好朋友向你借錢。

#朋友 #借錢

例句1

不好意思，我們家有家規，禁止跟朋友有金錢上的借貸關係。

例句2

抱歉，我手邊沒有那麼多錢可以借你。

重點解說

例句1雖是開玩笑，但意思很明確。如果對方表現出「就這麼點錢，應該可以借我吧」的樣子，就要強調這點錢對你而言是筆大數目，無能為力。如果有意幫忙，也可拿出能力範圍內的錢當成贊助金。

我有個人生中的大願望……
咦？聽起來不太妙
我公司經營不善，欠了一大筆債！
能不能借我一點錢！
抱歉……，因為我們家……
有一條家規：「禁止跟朋友有金錢上的借貸關係。」
禁止跟朋友上的借貸關係
了、了解！
無言

拒絕朋友的借錢請求，但對方說：「當你是朋友才跟你借的。」

#朋友 #借錢 #糾纏

例句 1

錢的事情，我幫不上忙。抱歉。

例句 2

我也沒錢……抱歉。

重點解說

和金錢有關的事，必須明確表明意思。「幫不上忙」、「我也沒錢」是最直接了當的拒絕台詞。

想拒絕在保險公司上班的朋友拉保險。

例句1

我早就鐵了心，婉拒所有的保險，抱歉啦！

例句2

我沒多餘的錢，沒辦法加新的保險吔。

重點解說

例句1將自己的原則表明在先，告訴對方「我不會因為是你就買保險」。例句2表明「沒多餘的錢」，跟前面借錢的狀況一樣有效。

#朋友　#勸誘　#保險

想拒絕朋友力邀的投資。

#朋友 #勸誘 #投資

例句1

我沒有餘錢可以投資了……

例句2

我對投資敬謝不敏，抱歉。

重點解說

投資跟保險一樣，往往聊著聊著就被鼓吹加入了。有時等你回過神來，早已錯過拒絕的最佳時機而難以開口，但只要態度堅定地重複例句1和例句2，對方應該就會死心了。

想拒絕朋友向你推銷的演唱會門票。

例句 1

不好意思，我最近手頭正缺錢。加油。

例句 2

演唱會！好棒喔！可是我忙得無法分身，這次先跳過。你加油喔！

重點解說

有些人的工作跟相聲、話劇、演唱會等活動有關，而且有售票業績壓力，會向朋友推銷門票。遇上這種人，如果你本身沒興趣而硬去看也是痛苦。建議你應該表明拒絕的理由，並幫對方加油打氣，那麼你們的關係就不致於惡化了。

#朋友 #勸誘 #買票

想拒絕朋友的開運吉物推銷。

#朋友 #勸誘 #宗教

例句 1

（針對效果）好強喔！可是我不需要呢！

例句 2

喔，不用了，謝謝。

重點解說

面對幸運符、開運吉物等商品的推銷，應該和拒絕保險、借錢一樣，用「不需要」、「沒興趣」、「沒錢」等方式來斷然拒絕。

想拒絕朋友的宗教參與或傳教方面演講會的邀約。

例句 1

謝謝你的邀請，但我那天有事。〇〇日？那一天我也不行。

例句 2

關於這方面，我都敬而遠之……

重點解說

例句 1 表明無論哪一天都「不行」，對方自然死心斷念。例句 2 則有不想了解、不願接觸的意思。

錢財上的拒絕

#朋友 #勸誘 #宗教

試穿後，店員說「很適合你」，但因為太貴而想拒絕。

#購物 #試穿 #超出預算

例句 1

請讓我再想想。

例句 2

我先去逛完一輪再回來。

重點解說

「不好意思，我沒看價錢就試穿了，這件太貴我買不起！」或許這樣老實說會讓你覺得丟臉，但用例句1或例句2就沒問題了吧。這兩句都是試穿後不買的慣用句，受到很多人喜愛。

Chapter 2 請託別人

請託、邀約、催促別人……時，請直接了當且清楚的說明。

使用緩衝語，但直接表達出請託的內容。過度迂迴反而容易產生誤解，徒增麻煩。

想開口拜託對方「請○○」、「請勿○○」時，總令人擔心上下關係而難以啟齒。特別是個性害羞內向的人有事拜託上司時，肯定壓力爆表。反之，如果認為「我的地位較高，對方當然得接受」，結果卻遭到拒絕時，恐怕很火大吧。如果能排除這種上下關係的觀念，直接了當做出請託，相信雙方都能減少些壓力才對。

① 不要期待對方懂你的狀況和心情

若措辭不夠直接，而是迂迴繞圈圈，例如「我有點困擾呢」、「如果有人幫我，我會很開心的」，雖然你是客氣，但聽在對方耳裡，不會認為你是希望他「快聽懂我的暗示，快來幫忙」。不論對方是誰，都應直接了當地說：「能不能幫我○○？」、「可以嗎？」明確要求「YES」或「NO」的答覆。

② 說明應簡單扼要，前後加上緩衝語

請求文的前後，應加上「不好意思」、「你正在忙，抱歉打擾」等緩衝語，讓整體會話更婉轉。

③ 做判斷的人不是你

有時你太過客氣、太晚提出要求，會讓問題變得更複雜。有事請託時，你不必判斷對方的狀況，確認對方有沒有時間聽你的要求，而是直接提出，由對方來判斷要不要馬上聽你詳加說明，或是之後再說。

有急事想找上司商量，但他看起來很忙。

#上司、前輩　#急事商量

例句1

不好意思，你正在忙。但關於〇〇的事，我想請教你的意見，**你現在方便嗎？**

例句2

我有點私事，**可以打擾你三分鐘嗎？**

重點解說

上司正在忙碌時，若要占用他的時間，應先說明商量的內容或占用的時間長度，方便他判斷要不要花時間聽你的請求。

想要延長報告書的截止日期。

例句 1

由於〇〇的緣故，
能不能將報告書的截止日期延到〇〇日？

例句 2

因為〇〇和××很花時間，
△日之前交出有困難，實在很抱歉。

重點解說

接下工作卻無法在截止日期前完成時，無論如何都必須清楚說明理由。如果對方能接受，就會答應你的請求了。如果發現截止日期的設定有問題，也必須明確說出理由。

工作上的請託

#上司、前輩 #延期

想要獲得上司的慰勞、鼓勵。

#上司、前輩 #加油打氣

例句 1

為了你，我拼盡了全力。

例句 2

多虧你，終於達成目標了。

重點解說

當說出「為了你」、「多虧你」時，對方往往會套用對話模式而反射性地說出：「你做得很好！」、「謝謝！」

這個月，我的業績是第一名耶！
太棒了！
我這麼拼命！
好想得到主任的慰勞和鼓勵啊……！
可是，他總是冷冰冰的
有事嗎？
是這樣的，這次的業績，我拿到第一名喔，都是你的功勞!!
你的功勞～!!
你的～!!
功勞～！
總之，我能夠一次次進步，都是你的功勞!!
哪裡，妳也很努力啊！
妳辛苦了！
微笑
耶！

進行考核時，想知道上司或對方更多的評價。

#上司、前輩 #評價

例句1

不知道公司對我有什麼樣的看法呢？

例句2

我還有哪些地方需要改善呢？

重點解說

如果直接問上司：「請問你是怎麼看我的？」可能會給上司一種你對他的評價有所不滿、抱怨的感覺。即便你確實如此，也應採取委婉的方式，像是不經意地請求對方給予建議。

在工作忙碌時期，想請假去旅行一週。

例句 1

我想去旅行，作為我們的結婚三週年紀念。

例句 2

我爸媽一直很想去○○，我想請假帶他們去……

#上司 #請有薪假

重點解說

想請假時，建議用合於人情義理的理由。例如結婚紀念象徵「夫妻恩愛美滿」，帶父母去旅行象徵「孝順」，能讓上司覺得：「基於這種理由，那也只能准假了。」

想調高（調低）辦公室的空調溫度。

#上司 #室溫調整

例句 1

我覺得有點冷（熱），你們會嗎？

例句 2

主任，大家好像都很冷（很熱），能不能調高（調低）溫度？

重點解說

應先詢問大家的意見，因為有可能只有你一人覺得很冷或很熱而已。如果大家都同意你，而且若空調溫度是由主管設定的，就可以將「大家的想法」告訴主管。

呃……好冷
抖、抖
可是，我不敢隨便調高溫度吔……
熱
請問，我覺得好冷，你們覺得呢？
抖、抖
有點冷呢
起雞皮疙瘩了～
要不要拿暖暖包出來啊
哈，幸好有問～
呵——
怕熱的人，抱歉了……
熱
熱
熱

想要上司帶你一起去喝酒或餐敘。

#上司 #喝酒

例句 1

我想聽你聊聊工作的事，
這次的飲酒會能不能帶我去？

例句 2

請讓我參加這次的新人聚會，聽你講話可以學到很多。我可以跟大家一起**分攤費用。**

重點解說

很多上司擔心約下屬喝酒會變成所謂的「酒精騷擾」，因此多半喜歡由下屬主動表達參加意願。如果人數很多，最好主動表示願意分攤費用。

希望上司改用智慧型手機。

例句 1

改用智慧型手機的話，
可以用社群軟體一次聯繫很多人喔。

例句 2

工作上聯繫會更方便。

重點解說

如果上司仍在使用傳統手機，他們的理由是：「感覺不到換成智慧型手機的必要性」。如果你的上司也是這個族群，你可以想想他改用智慧型手機後會有哪些方便，然後向他推薦，勾起他的興趣。

#上司　#智慧型手機

即將下班之際，想拜託下屬留下來做緊急的工作。

#下屬 #緊急的工作 #加班

例句 1

臨時要加班，真的很抱歉，能不能留下來幫忙？

例句 2

想請你幫忙加班處理○○。下次我請吃飯補償你！

重點解說

有事拜託最好直說。不過，上司拜託下屬，有時很難擺脫職權騷擾的疑慮，因此務必表達出歉意。

想請下屬修改文件資料。

例句1

這份資料謝了，做得很好。可是，這裡應該是〇〇才對，麻煩修改一下好嗎？

例句2

謝謝你的資料。可是，請再參考這裡，將〇〇和╳╳更正過來。

重點解說

千萬不能有「上司要下屬做事天經地義」的態度，無論如何，都應先表達感謝。而要下屬修改、更正的部分，必須說明清楚，或是加以示範，才不會惹來「為什麼?!」的不滿。

工作上的請託

#下屬 #修改資料

#下屬 #截止日期

希望下屬準時提出報告（超過期限後的抱怨）。

例句 1

截止日期應該是〇〇日吧（語氣委婉）。

例句 2

超過期限就可惜了，會讓你的工作表現扣分喔。

重點解說

例句1帶有「請你以後準時交出來」的語氣。如果仍一再拖拖拉拉，就有必要搭配例句2，力促對方改善。

拜託同事指導電腦操作。

例句 1

打擾你工作不好意思，
我看不懂╳╳，請你教我一下好嗎？

例句 2

請過來幫我一下，我一定找機會謝謝你。

重點解說

對方可能會要你自己想辦法，因此你得表示你已經「查過操作手冊」、「上網查過了」。如果不能等，必須馬上解決的話，就要盡全力懇求對方。

拜託同事幫忙介紹加入讀書會。

#同事　#讀書會

例句1

我對你們的讀書會很感興趣，請問有限定參加資格嗎？

例句2

方便的話，能不能讓我去觀摩一下你們的讀書會？

重點解說

你沒有獲邀參加，或許是因為你資格不符。總之，請先表達出你很感興趣，再詢問能否讓你加入。有時候儘管沒讓你加入，但願意讓你觀摩，因此不妨詢問旁聽的可能性。

請同事將手機鈴聲關小一點。

例句 1

啊，嚇我一跳！

例句 2

我正在跟客戶講電話，他會聽到，所以請把鈴聲關小聲一點好嗎？

重點解說

不妨發出驚嚇聲來促使對方注意。如果你正在跟客戶講電話，同事的手機鈴聲會造成干擾，就可以用「客戶」的意見來請求對方。

#同事 #太吵 #手機

隔壁同事講話太大聲，希望他小聲一點。

#同事 #太吵 #大聲

例句 1

不好意思，我正要跟客戶打電話，所以……（食指放在嘴巴上）

例句 2

抱歉，我得專心工作，所以戴上耳塞，你不必擔心。

重點解說

以「客戶會感到困擾」為由，通常就能讓周遭的人安靜下來。自備耳塞創造個人的安靜空間，也是一個好方法。

明白這樣時間很趕，但依然希望能在○○日前完成。

例句1

非常不好意思，

拜託在××日前完成○○好嗎？

例句2

如果能在××日前完成○○，

就太感激不盡了，可以嗎？

重點解說

緊急工作的話，可以先詢問對方的工作狀況：「請問，你現在有空嗎？」再切入主題，至於能否在忙碌和工作間取得平衡，就由對方決定。總之，先直接了當地表達出請託的內容再說。

寫電子郵件詢問事情，希望對方回答「YES／NO」。

#同事　#客戶　#期待回覆

例句1

關於〇〇一事，你能答應嗎？
很希望能獲得你的答覆。

例句2

關於上述事由，
若能得知你判斷可行與否，就太感激了。

重點解說

以電子郵件聯繫的話，要特別講究措辭簡明易懂。與其拐彎抹角，不如直接表達。如果擔心「會不會陳述得太簡單？」就再用電話追蹤一下。

拜託對方趕快進行請託的工作。

例句1

先前拜託你的那件工作，目前進行得如何？

例句2

不知道目前進行得怎樣了？

重點解說

有些人就是會拖到最後一刻才動手，與這種人合作，最安全的做法是在最終截止日期之前，設定幾個階段性的截止日。如果很擔心進度，可直接打電話詢問，給對方一點壓力。

請對方保守祕密。

例句1

因為是你，我才跟你說，
但千萬不要說出去喔。

例句2

我想，不早點跟你說不行，
但要請你保密，不要讓別人知道。

重點解說

表明因為對方很特別才跟他說，別人完全不知道，因此請他務必保守祕密。如果太擔心對方走漏消息而一再要他「千萬保密」，對方會覺得你不信任他，因此請避免。

用電子郵件或書信向不認識的人請託工作。

例句1

突如其來的請託，非常抱歉，希望能拜託你〇〇，

例句2

很早以前就見過你，對你的〇〇十分敬佩，希望能請你幫忙。

重點解說

即便個性不是害羞內向，要向不認識的人請託總是令人緊張。一如一般的商務禮儀，突然向不認識的人請託事情時，宜先寫些致歉語再說明請託的理由、內容等。

公司採購預算不夠，希望對方降價。

#客戶 #下單 #費用交涉

例句1

非常希望你能降價到╳╳圓。

例句2

我實在覺得很過意不去，但還是希望你能幫幫忙，將價格調降到╳╳圓。

重點解說

必須明確表示你的預算不夠，以及希望成交的金額。然後，以極大的誠意請對方無論如何務必幫忙，這樣就不會被對方斷然拒絕才對。例句2用了「我實在覺得很過意不去」，感覺會比「很抱歉」來得令人印象深刻些。

希望對方來參加發表會、展示會。

例句1

○○先生，我會在會場恭候你大駕光臨。

例句2

○○課長，希望你務必賞光。

重點解說

先叫對方的名字「○○先生」、「○○課長」等，然後誠摯地說出：「請你務必大駕光臨。」、「特別希望能見到你來。」

#客戶 #吸引客戶 #招待

正事談完後，對方仍繼續大聊特聊不走。

#客戶 #聊天

例句1

等等公司還有會議要開，不好意思，就先這樣好嗎？

例句2

非常抱歉，我還有訪客，時間已經差不多了……

重點解說

自己先站起來的話，對方必定會跟著站起來。但如果動作太俐落，會給對方「趕人」的感覺，最好是邊致歉邊以遺憾的表情慢慢站起來。

因工作關係受邀聚餐。希望餐費由邀請方買單。

例句 1

我想確認一下餐費問題，當天的費用要怎麼出呢？

例句 2

請問今天的聚餐是平均分攤嗎？

重點解說

通常工作上的聚餐，餐費都是由邀請方負擔，但有時也會碰到邀請方要求平均分攤的情形。最好受邀時先問清楚，如果聚餐後才覺得「可能要付錢」，就鼓起勇氣開口問吧。要是對方說「我們出」，那就太幸運了。

希望對方再邀請你聚餐。

#客戶 #聚餐

例句 1

那下次的聚餐就我來約吧。

例句 2

希望還能再跟你見面。

重點解說

與其等人約，不如自己主動出擊。生性害羞內向的人總是不敢主動邀約別人，但這種情況下，「回禮」是相當不錯的藉口。如果這樣還是太害羞，「希望還能再跟你見面」這一句十分好用。

希望同事能送你喜歡的物品。

例句 1

難得的紀念，
能不能讓我厚臉皮指定一下禮物？

例句 2

那就恭敬不如從命，
可以請你送我一個我很想要的東西嗎？

重點 解說

我們就小就被教育「別人送的禮物，無論是什麼，都要歡喜接受」。不過，如果你能指定價格只有對方預算一半的東西，那麼對方就能減少負擔，你也比較輕鬆。

社交上的請託

#職場 #喜慶 #禮物

希望對方接受續攤邀約。

#職場 #朋友 #聚餐

例句1

那，接下來呢……？

例句2

有要續攤嗎？

重點解說

不好意思直接問對方「要不要續攤？」時，一般都是用例句1，問對方接下來的安排。想表達「有續攤的話我想去」的意願，就用例句2。

希望對方還書。

例句1

之前借你的書，請問你讀完了嗎？

例句2

那本書我想借給另一個朋友，能請你先還我嗎？

重點解說

不說「趕快還我」，是擔心對方以為我們在責怪他。例句1的意思是：「你那麼忙，應該還沒讀完，那就先還我吧。」例句2是表達有人在等那本書，也是一種不錯的說法。

希望對方支付之前代墊的咖啡錢。

#同事、朋友 #代墊 #催討

例句1

（一起去買飲料時）上次我幫你付，這次可以你幫我付嗎？

例句2

（在自動販賣機前）我剛好缺零錢，上次先幫你付的咖啡錢，現在還我好嗎？

重點 解說

對方可能認為之前的咖啡錢「不是跟你借的」，是「你請客的」，而且，當你說了例句1或例句2，對方可能會酸溜溜地說：「你記性真好啊，這種小事也記得！」但會說這種話的人才是真正的吝嗇鬼。

希望對方不要使用敬語，輕鬆地交談。

例句 1

我們年紀沒差多少，不必使用敬語啦。

例句 2

我們講話不要那樣嚴肅，輕鬆一點好嗎？

重點 解說

私下場合的話，可以用例句1，但如果完全口語會造成困擾，就用例句2，提議彼此放輕鬆一點。口語會話能拉近距離，但有時會給人裝熟的困擾，必須留意。

希望對方聽你炫耀一下。

例句1

這樣說好像在炫耀，……（進入正題）。

例句2

我可以炫耀一下嗎？（進入正題）

重點解說

工作成功、得獎、另一半升遷等，都是讓人想炫耀一下的美事。這時候，不要劈頭就炫耀才不會招人反感，應先來個開場白，讓對方升起「發生什麼好事情了？」的好奇心。

辛苦了！
鏘！
最近工作順利嗎？
其實，前幾天我的案子才剛通過啊！
憋不住
嘿
喔，我可以稍微炫耀一下嗎？
其實，我的企畫案通過了喔！
哇，好厲害！
怏怏
是說我啊，上司很喜歡我，把他淘汰的高爾夫球袋送給我喔。
急急
那算什麼，上司才喜歡我，每個禮拜都找我去打高爾夫呢！

社交上的請託

心情不好，希望對方說些安慰的話。

#同事、朋友 #會話

例句1

我現在心情不大好……

例句2

能不能安慰我一下？

重點解說

希望獲得對方的安慰，這種心情並不可恥，何妨直接說出「請安慰我」或「我想討拍」。只要勇敢說出口，對方一定會安慰你的。

沒什麼特別的事，只是希望對方陪你吃飯。

例句1

許久不見，我們一起去吃飯好嗎？

例句2

你喜歡吃〇〇嗎？我知道一家好吃的店，要不要一起去？

重點解說

想約許久不見的人去吃飯，就用例句1。如果沒有勇氣開口，可以先說出想去的店或想吃的料理再邀約。

社交上的請託

#同事、朋友 #聚餐

社交上的請託

希望對方陪你一起去購物。

#同事、朋友 #購物

例句1

你很會選〇〇，

可以的話，能不能陪我去買？

例句2

我還想跟你聊聊天，**如果你有時間，**

能不能陪我散步去買〇〇？

重點解說

請求別人陪你買東西，某種意義上是請求對方當「義工」，因此別忘了先詢問對方是否方便。此外，若能明確說出要買的東西，對方會比較容易回答YES或NO。

希望對方在社群媒體上幫你按讚。

例句1

你有看我的貼文，讓我很開心，
看完後，偶爾幫我按個讚好嗎？

例句2

我想知道大家的反應，
如果有你喜歡的照片，請幫我按讚喔。

重點解說

我們不能強迫別人在社群媒體上按讚，但如果你很期待對方的按讚，可以像例子1那樣直接表達出來，或是像例句2那樣，先說明想獲得按讚的理由。

#朋友　#社群媒體　#按讚

想獲得家人的讚美。

#稱讚　#慰勞

例句 1

誇我、誇我啦！

例句 2

你看，我成功了，很厲害吧？

重點解說

如果不好意思直接跟家人要讚美，不妨試試用開玩笑的語氣強迫對方稱讚你一下。也可以像例句2那樣，先自誇再尋求對方的認同。

希望家人幫忙做家事或幫忙照顧父母和小孩。

例句1

我忙不過來，你幫我〇〇一下好嗎？

例句2

如果你能〇〇，就是幫了我大忙。

重點解說

面對重心都放在工作上而不願做家事的家人，與其責怪他「為什麼都不做家事！」不如直接分配工作給他。由於是分配工作，態度必須客氣，指示必須明確。可以像例句2那樣，用上司對下屬的語氣來拜託對方。

#家事 #育兒 #照顧父母

希望家人趕快做好外出準備。

#外出

例句 1

我想要○點到，所以我們○點出門喔！

例句 2

再一個小時出發喔！

重點解說

就算是家人同行，也應像工作般事先做好時間管理，才不會在出門前兵荒馬亂。請回推時間，算好幾點做什麼事，然後通知所有人。當天可在出發前一小時提醒大家一下。

忠告、建議、批評、
抱怨他人……時，
要將「否定式話語」
改成「正向積極的話語」。

基本原則

再怎麼害羞內向，該說的還是要說清楚。但也得尊重對方的價值觀。

世上存在著各種不同的價值觀，或許你認為的沒常識，很可能就是別人的常識。當你想給對方忠告、建議、批評時，若無視價值觀的不同，你的一句話便可能傷害對方。

個性害羞內向的人常會覺得「乾脆不說好了」，但這樣會讓你淪為一個只會附和對方、只會說「對啊、對啊」的人。真心實意的溝通——並非一味否定對方，而是好好表達出自己的意見——才能減輕壓力，讓人更加輕鬆自在。

■不使用否定句

若措辭不夠直接，而是迂迴繞圈圈，例如「我有點困擾呢」、「如果有人幫我，我會很開心的」，雖然你是客氣，但聽在對方耳裡，不會認為你是希望他「快聽懂我的暗示，快來幫忙」。不論對方是誰，都應直接了當地說：「能不能幫我〇〇？」、「可以嗎？」明確要求「YES」或「NO」的答覆。

■提示新的選項

在說出自己的意見之前，應先強調「從另一個角度來看」、「我們是不是可以這樣想」，表明是採用不同於對方的觀點。如果對方是上司或長輩，則應先說一些自謙用語，例如「恕我冒昧」、「不好意思」。

此外，用問句的形式，例如「如果是〇〇，就不會是這樣了吧？」可以順利引導對方站在不同的角度來思考。直接否定對方的陳述方式往往帶著說教意味，但如果是採用問句形式，就能轉化為正向積極的溝通模式了。

想對不擅長電腦操作的上司提供建議。

#上司、前輩 #電腦

例句 1

我萬一哪天剛好不在怎麼辦呢（笑）。

例句 2

把操作學起來以後會很方便喔！

重點解說

也許就是因為你每次都很有耐心地幫助上司，他才會老是依賴你。如果是這種情況，不妨利用例句1，稍微暗示、威脅他一下。至於例句2，稍微嘆口氣再說，以及明快地說，兩者給人的印象完全不同，可依據上司的情況使用。

在公司內部的簡報會上，上司的說明出現錯誤?!

例句 1

（悄悄對上司說）**為慎重起見，我想再確認一下，○○應該是╳╳吧！**

例句 2

（悄悄對上司說）如果你是說○○，**請更正成╳╳好嗎？**

重點 解說

如果發現錯誤卻默不作聲，日後有可能會被上司抱怨：「你那時候為什麼不說?!」發現錯誤時，你只有一個辦法，就是當成你自己或對方的小小失誤，以低姿態請求更正。

同事或下屬、上司去吸菸區的次數太多了。

#上司、同事 #吸菸

例句1

你還真是一位癮君子啊！

例句2

將來公司要是撤掉吸菸區可就糟了。

重點解說

老菸槍常常跑吸菸區，但他們可能沒意識到因此休息時間比別人多。例子1是暗示「我都知道你常常跑去抽菸喔」，給對方一點壓力。例子2接下來可以建議對方戒菸以應付未來公司的全面禁菸政策。

想嚴肅地告訴上司、同事：「你那樣是職權騷擾。」

例句 1

那種說法，會讓人覺得是職權騷擾喔！

例句 2

最近，那樣的行為就叫做職權騷擾喔！

重點解說

如果直接嗆：「我認為那是職權騷擾！」恐有引爆衝突之虞。建議採取較圓融的批評方式，如例句1是以他人的觀點來批評，例句2則是提出目前社會輿論的觀點。

想告訴對方：「不要什麼事都說成職權騷擾。」

例句1

這樣讓你感覺是職權騷擾嗎？

例句2

如果聽起來像是職權騷擾，那我很抱歉。

重點解說

例句1是向對方確認是否真的受到傷害，或是詢問對方認為構成職權騷擾的標準為何。例句2則是先道歉讓對方難以再投訴不滿，算是有點狡猾的說法。

報告書上出現太多錯漏字。

例句 1

你這份報告書改起來有點「滿江紅」耶。

例句 2

要是選字選錯，辛苦打的好文章就白費了。

重點 解說

語文能力不足的下屬容易出現錯字、漏字，這不是失誤，是欠缺實力，因此你可以耐心地加以示範，提升他的能力。如果語文能力沒問題，報告書和企畫書上卻出現許多錯字、漏字，那可能是注意力出問題。可以利用例句2來讚美兼提醒。

#下屬 #錯漏字 #國語能力

覺得同事（或下屬）無謂的加班、假日上班太多了。

#下屬 #加班 #假日上班

例句 1

你最近很常加班、假日上班，**身體吃得消嗎？**

例句 2

不要太逞強喔！

重點解說

還沒弄清楚加班原因之前，請勿責怪對方，或許他有難言之隱，應先聽聽他的心聲。個性害羞內向的人不會咄咄逼人，比較容易讓對方說出隱情。

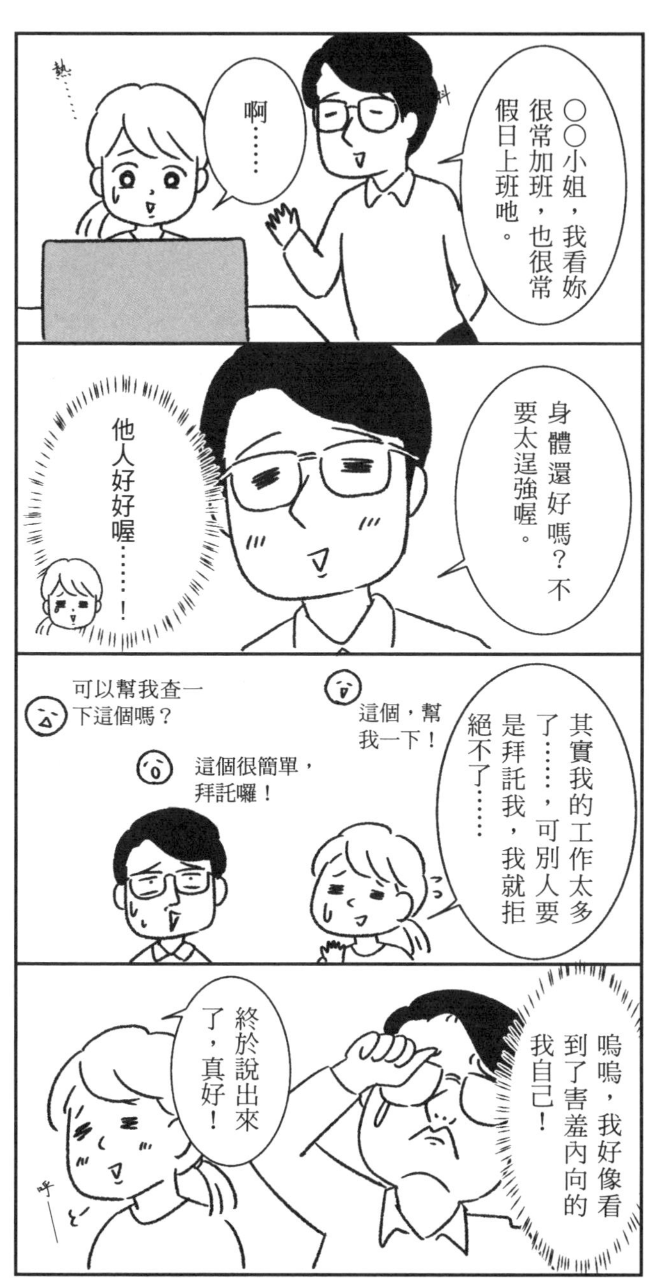
○○小姐，我看妳很常加班，也很常假日上班吔。
熱……
啊……
身體還好嗎？不要太逞強喔。
他人好好喔……！
其實我的工作太多了……，可別人要是拜託我，我就拒絕不了……
這個，幫我一下！
可以幫我查一下這個嗎？
這個很簡單，拜託囉！
嗚嗚，我好像看到了害羞內向的我自己！
終於說出來了，真好！
呼——

一早，下屬寫信告知：「我身體不舒服，今天請假。」

#下屬 #突然請假 #裝病

例句1

疫情嚴峻，為慎重起見，請你把體溫、症狀、發病時間等，詳細跟我說。

例句2

快去看醫生，結果怎樣記得跟我說喔！我很擔心。

重點解說

就算你懷疑對方是裝病，也要先視他為病人。可以用例句1請對方說明詳細狀況，也可以用例句2要對方去看病，這麼一來，若對方是裝病，就會感受到壓力。

想對愛講話的年長兼職同事說：「少動口，多動手。」

例句 1

○○姊，你的手好巧喔，我太需要你了！

例句 2

○○阿姨，我想拜託你做一件只有你才能做的事，請你來這邊做好嗎？

重點 解說

與其抱怨、碎念，不如加以讚美，才能讓對方更有幹勁。對於不常有機會被評價工作表現的人，只要一一讚美他們，就能提高他們的工作熱情。

因對方的失誤而造成的困擾。

#客戶　#失誤

例句1

因為貴公司的××，造成◇◇事態的發生。

例句2

關於◇◇那件事，本公司已經確認過了，
能否請貴公司也調查一下？

重點解說

如果對方（假裝）一副不清楚事情因果關係的模樣，可以用例句1，不帶個人情緒地將原因告訴對方。不帶個人情緒這點極為重要。此外，也可像例句2那樣，強調自己公司已經調查過事件始末了。

對方說的話和當初約定的不一樣。

例句 1

（拿出筆記）你在○月○日是這樣說的吧？……

例句 2

我們沒聽說貴公司要更改。請問貴公司是何時決定要改的？

重點解說

對個性害羞內向的人來說，筆記本永遠是最佳戰友。最好能查一下你的筆記，確認當初的約定。萬一沒有筆記，對方應該也有公司內部的報告書或電子郵件等，因此可以向他問明該公司決定更改的時間點。

#職場　#酸言酸語　#好羨慕喔

當對方說「好羨慕喔，很涼嘛～」這種酸言酸語時，很想頂回去。

例句1

謝謝（笑）。

例句2

是嗎？（笑）

重點解說

「以酸克酸」沒用，應該淡定以對，讓對方一個巴掌拍不響。例句1的「謝謝」具有化掉攻擊力道的效果，例句2的「是嗎？」則有冷漠無視的效果。

想對永遠把口罩罩在下巴的人說……

例句 1

你的口罩掉下來了……
是繩子鬆掉了嗎？

例句 2

你的口罩脫落了……
我有備用的喔！你有需要嗎？

重點 解說

有些人喝咖啡時會把口罩拉到下巴，然後直接喝，這種情況有時很教人看不慣。如果你想直接說：「你忘了你還戴著口罩嗎？」但又怕對方認為你把他當傻瓜而生氣，那麼就假裝你在擔心他的口罩是否出問題。

#職場 #口罩

#職場 #語意不清

對方語意不清，讓人搞不清楚結論到底是什麼。

例句 1

原來如此，換句話說，**就是〇〇囉？**

例句 2

我想把今天的會議記錄寄給你，耽誤你一點時間，**請幫我確認這樣是否正確。**

重點解說

像鸚鵡學舌般將對方的話重複一次，或許他就會自己修正：「不不，不是這樣。」最好邊討論邊做筆記，然後把筆記當成會議記錄寄給對方比較安全。

工作中，一個愛聊天的人過來攀談。

例句 1

有急事嗎？我正好在忙。

例句 2

不好意思，我要離開一下。

重點解說

聽到例句1，應該不會有人還開始閒聊吧。如果對方說：「是沒有急事啦，但……」你可以用例句2，去廁所或其他地方稍微躲避，對方就聊不下去了。

#職場 #閒聊

做說明時，對方都沒反應。

#職場 #反應

例句 1

到這裡，有沒有什麼問題？

例句 2

你們沒反應，讓我感到很不安耶……

重點解說

對方要是沒反應，就無法得知他是否理解。面對這種狀況，可以像例句1那樣直接問以消除不安，也可以像例句2那樣要求對方給你反應，讓對方理解你的心情。

被人叫「小〇」，感覺很噁心。

例句 1

不好意思，以我的××，實在不適合被叫成「小〇」……

例句 2

我不習慣被叫成「小〇」，直接叫我名字好嗎？

重點解說

例句1的××，可以是年齡、個性、長相等具體原因。不過，當你說出具體原因，例如年齡，對方可能會再繼續追問：「喔，那你幾歲？」反而危險。例句2是用不習慣來委婉地表達不舒服的感覺，各種場合都可使用。

討厭被說「這麼年輕，好羨慕啊～」

#職場 #好羨慕啊

例句1

謝謝。

例句2

喔。

重點解說

說「這麼年輕，好羨慕啊～」的人，也有可能是出自真心，因此不必頂回去，只要不置可否地當耳邊風就好。

前輩！這個蛋糕好可愛喔！
咔嚓！
咔嚓！
咔嚓！
呃
你要PO到IG上吧？
對。
現在都很流行這樣吧？
是啦。
呼呼呼
年輕真好啊！每天都開開心心的！
啊
很煩耶～
喔，謝謝！
真的！年輕真棒啊！
呵呵呵

對於每次都遲到的人。

#朋友 #遲到

例句 1

這麼忙啊？真不好意思還特地麻煩你來。

例句 2

我還擔心你是不是發生什麼事耽誤了。

重點解說

遲到的人可能會擔心：「這次又遲到了，他肯定很不爽吧？」因此你可以用例句1，親切地迎接他，讓他慚愧而深自反省。例句2則有「遲到會害人擔心」的提醒之意。

很想跟對方說：「這些話，我都聽你說過一百遍了。」

例句 1

啊，你之前也說過對吧。

例句 2

這些話，真是百聽不厭啊！

重點解說

如果不想破壞對方的心情，就要裝出第一次聽到的表情，若對方跟你很熟，不妨直接表明你已經聽過了。話說回來，結局往往還會再聽一遍。

即便「沒有惡意」，仍希望對方不再說出傷害人的話。

#朋友 #道歉

例句 1

你這樣說心裏很舒暢嗎？

例句 2

可是，我還是覺得很受傷。

重點解說

認為自己「並無惡意」的人，通常不會自我反省。想讓對方認錯的話，就淡然地質問他吧。如果對方覺得「又沒怎樣」，就用例句2，告訴他「我覺得很受傷」。

朋友一再提及過去的恩情。

例句 1

你真的救了我。
這份大恩大德我沒齒難忘。

例句 2

當時真多虧有你。
都是托你的福，我才有今天。

重點 解說

這種人應該是最近不常聽到你的感恩道謝而覺得遺憾。或許多少有點麻煩，請你還是盡量說一些對方想聽的話吧。感謝用語會越說越有滋味。

對相處方式的建言

#朋友 #施恩求報

一再被人干涉飲食習慣，例如被唸「吃速食很不健康」。

#職場 #朋友 #飲食習慣

例句 1

是啊！

例句 2

但我還是很喜歡吃（笑）。

重點解說

就跟被人多管閒事一樣，不要否定也不要反駁，聽聽就好。例句 2 含有「我知道啦，但我沒用，就是受不了誘惑啊」的自嘲語氣，此話一出，對方就很難再繼續碎唸了。

朋友問：「我這髮型怎樣？」很想說「很奇怪」但不敢開口。

例句 1

很棒啊！

例句 2

感覺整個人都變了呢！

重點 解說

「很棒」這種主觀用語的用途極廣，除了對人，對事物也都可派上用場。使用例句2的要點在於不說明究竟變成什麼樣子。

對相處方式的建言

#職場 #朋友 #髮型

想跟對方說：「不要再用那種動漫語氣說話了！」

#職場 #朋友 #語氣 #動漫宅

例句 1

好像聲優（配音員）喔！

例句 2

但是，在職場上，
人設應該是工作能力強才對吧。

重點解說

有人認為說話方式幼稚且帶點戲劇味會比較受歡迎，事實上也的確有人偏愛這種說話方式，但不適合出現在職場上。不妨要求對方改變人設，當一個做事穩健的人吧。

老友說：「你老了耶。」很想回他「你不也是」但不敢開口。

例句1

彼此彼此呢！

例句2

我們都健健康康的，這比什麼都重要。

重點解說

例句1是將話題拉到承認雙方都年紀變大的方向，例句2則是把自己擴大成「我們」，祝福彼此健康平安。

#朋友 #變老 #彼此彼此

朋友喜歡用「胖了？」、「瘦了？」代替寒暄。

#職場 #朋友 #體型

例句 1

別管我了，倒是你，瘦了一些吧？

例句 2

是嗎？我很久沒量體重了，不知道耶。你呢？

重點解說

不想談自己的體重，那就將話題轉到對方的體重上。也可以用例句2，把話題切換到多久量一次體重上。

好久不見，妳都好嗎？
好是好啦……
是說，妳是不是胖了？
砰！
啊！
直拳！！
好久沒上磅秤了，不知道呢★
呵
妳呢？妳是胖了？瘦了？
這個嘛～
不知～道
自己的事情就可以閃過嗎?!

朋友說人壞話時你也在場，但無法認同朋友的話。

#職場 #朋友 #說壞話

例句1

不好意思，我不清楚。

例句2

啊，這麼說的話……（轉換另一個話題）

重點解說

對方在說別人壞話時，如果你附和似地說「是喔，是喔」，會讓人以為你認同他的話，日後恐怕會被牽連進去。最好是表明不清楚這些事，或是趕快轉換話題。

朋友大聊一些你沒興趣的話題，但你不敢說「那些我沒興趣」。

例句 1

為什麼你會這麼入迷呢？

例句 2

能不能用素人也聽得懂的方式說啊？

重點解說

雖然你不感興趣，但若能改變態度，欣賞對方暢談時的熱情洋溢，那麼或許你會發現他聊的事情還挺有意思的。你可以問一些問題，就像在火堆上添加柴火般，然後欣賞對方熊熊燃燒的模樣。

不敢跟對方說：「你就只會說人家的壞話嗎？」

#職場 #朋友 #說壞話

例句 1

你是高敏人呢。
我完全沒注意到那些。

例句 2

你看人看得真仔細啊。

重點解說

通常會說壞話的人也通常是比較注重細節。但反過來說，這種人天生敏感、觀察入微，如果能將話題轉移到他的觀察力上，說不定會聽到如小說般的內容呢。

不敢跟對方說：「我老是聽你碎碎唸！」

例句1

哇，你累積了不少怨念呢！

例句2

抱歉，這些抱怨，容我下次再洗耳恭聽吧。

重點解說

如果對方沒那麼白目，應該能意識到例句1的弦外之音是「你抱怨太多了」。若要打斷對方的抱怨，可以用例句2婉轉地改變話題。

對相處方式的建言

#職場 #朋友 #抱怨

對相處方式的建言

想提醒對方：「不要跟那種人交往！」

#朋友 #忠告 #男女交往

例句 1

我有點擔心你耶……

例句 2

如果心情不好要說喔！

重點解說

戀愛這回事很難說，例如不倫戀，別人都覺得危險不可碰，但當事人卻愛得死去活來。只要溫柔地表示擔心，對方就不會太反抗，說不定就能聽進你的忠言了。

話題太無聊，想趕快閃人。

例句 1

已經○點了，我得走了。

例句 2

我的腦容量已經滿了，今天就先到這邊吧！

重點解說

想閃人的理由如果是「太無聊了」會招人討厭，但如果推說是時間關係就能安全下莊了。萬一被追問說有什麼事，只要說出萬用的「不好意思……」敷衍過去即可。例句2表示自己已經裝不下任何訊息了，這一招也很有效。

#職場 #朋友 #無聊

希望對方也能回應你的寒暄。

#職場　#鄰居　#寒暄

例句 1

早安！天氣很好呢。

例句 2

〇〇先生，早安！

重點解說

有些人和不是很熟的人打招呼，例如鄰居，會遲疑一下：「咦，是叫我嗎？」因此，打招呼時應看著對方的眼睛示意：「沒錯，就是你喔！」或者從稍遠處就開始打招呼，讓對方有心理準備。

寫電子郵件過去，對方未回覆。

例句 1

你收到信了嗎？因為沒收到回信，為慎重起見就問一下。

例句 2

你好嗎？因為沒收到你的回信，有點擔心……

重點解說

用電子郵件溝通的話，由於無法得知對方讀信了沒，有時不免掛心。如果真的有事，可以把信再寄一次，但前面應加上例句1或例句2；如果必須趕快取得對方的回覆，最好是直接打電話確認。

#職場 #朋友 #回信

不想回答「幹嘛不結婚？」的疑問。

#職場 #朋友 #親戚 #詢問 #結婚

例句1

是啊，幹嘛呢～（彷彿別人的事）

例句2

結婚喔⋯⋯（看向遠方）

重點解說

例句1是用事不關己的態度敷衍，可以表達出不想認真回答的心情。也可以像例句2那樣暫時打個馬虎眼，然後用「喔，對了⋯⋯」轉換話題。

覺得「還沒有小孩？早點生比較好喔！」這種話很雞婆。

例句 1

是啊～

例句 2

謝謝你的關心。

重點解說

對方可能還會雞婆很多事，顯然你們話不投機，那就速速打發過去為妙。

對交往方式的建言

#職場 #朋友 #親戚 #懷孕、生產

當別人問「聽說你離婚了？」時，想回以「不關你事」

#職場 #朋友 #親戚 #詢問 #離婚

例句 1

過幾天我會開記者會啦。

例句 2

想採訪的話，請找我的經紀人（笑）。

重點解說

很多人容易娛樂新聞記者魂上身，一聽到結婚、離婚的消息就亢奮；要是被冷淡以對就散播謠言，這點也跟娛樂線記者如出一轍。既然如此，你乾脆就開玩笑地採用演藝經紀公司式的回答吧。

公司的人都知道我離婚的事了吧……
真希望能不被打擾……
呼——
喂—喂—
喂—喂—喂—
妳離婚了啊？
唉，來了!!
要採訪的話，請透過我的經紀公司安排。
在此無可奉告！
什麼？妳是大明星嗎?!

在應該保持肅靜的場合，想對講話的人說：「安靜！」

例句 1

……（靜靜地將食指放嘴巴上）。

例句 2

……（盯著對方看）。

重點解說

在電影院、劇場等應保持安靜的場所，如果出聲制止對方講話也會影響到旁人，因此只能用手勢或眼神提醒對方了。

在應該脫鞋入內的地方，想告訴別人：「把脫下的鞋子排好！」

例句 1

我們一起把鞋子排整齊。

例句 2

我先把你的鞋子移到旁邊去喔。

重點解說

見對方似乎鞋子脫了就不管的樣子，可以趕快提醒他，通常他就會說：「不好意思，不好意思……」然後將鞋子排好。如果對方是長輩或親戚，或許你就不要說了，直接將鞋子排整齊便是。

在公共場合的建言

#朋友 #親戚 #脫鞋

想提醒別人：「你的價格標籤忘記拿下來了。」

#價格標籤沒拿下來

例句1

衣服上面的是什麼啊？

例句2

那個，這樣沒關係嗎？（指著標籤）

重點解說

如果不好意思跟陌生人說：「你的價格標籤忘記拿下來了。」可以利用例句1。如果擔心被別人聽到，可以小聲地說出例句2。

小孩在公共場合吵鬧。

例句 1

在這裡跑來跑去，很危險喔。

例句 2

這裡不能吵鬧，要保持安靜喔。

重點解說

如果在那個地方跑來跑去會對自己和他人造成危險，甚至可能撞到老人家，那就不必客氣，直接提醒對方吧。但應盡量不帶個人情緒，冷靜地告訴對方應該遵守的規矩。

#小孩 #危險 #吵鬧

居然有人插隊。

#高齡者　#插隊

例句1

啊！隊伍的尾巴是在那邊喔。

例句2

咦?!（故作吃驚狀）

重點解說

應向對方解釋後面還有人在排隊。如果很難解釋，就用驚訝的聲音突顯出對方的不守規矩。但不要搞得場面太難看，以免彼此尷尬。

多人併排行走，擋住去路。

例句1

不好意思，借過。（超越對方）

例句2

借過一下喔！（從後面出聲告知）

重點解說

有些害羞內向的人連「不好意思」都會不好意思說。但是，面對白目的擋路者，與其急沖沖地超越對方，還是說一聲「不好意思」、「借過」比較安全。

明明有高齡者就站在前面，年輕人卻大剌剌坐在博愛座上。

例句 1

能讓座給這位老伯伯嗎？（指著站在對方面前的高齡者）

例句 2

不好意思，謝謝喔！（催促對方起身讓座）

重點解說

我們希望對方不要覺得「我坐在博愛座上挨罵了」，而是感受到「我幫助別人，獲得感謝」，因此請用陽光開朗的表情請求對方讓座。

想告訴朋友：「不要在電車座位上蹺起二郎腿。」

例句 1

注意腳唷！

例句 2

我會撞到你的腳喔！

重點 解說

例句1只是要對方注意自己的腳而已，例句2是提醒對方「會撞到腳」，也不算是責備，兩種方式都很溫和。

#大眾運輸工具　#蹺二郎腿

想告訴酒醉的朋友：「不要在街上吐口水！」但說不出口。

#朋友 #沒禮貌

例句 1

咦？你居然吐了?!（做出誇張的吃驚表情）

例句 2

天啊，太丟臉，我都想假裝不認識你了！（做勢走人）

重點 解說

如果對方覺得「這又沒什麼！」而你大喊「沒水準！」地否定他，就容易起衝突。比較穩健的做法是，像例句1和例句2那樣以半開玩笑的方式表達，或者以自己為主語，用「我認為應該／不應該～」來表達。

想告訴對方：「把狗狗的便便帶走！」

例句 1

不好意思，你忘了清理這個吧？

例句 2

哈囉，你家狗狗東西掉了喔！

重點解說

不要用責備語氣說：「請你清乾淨！」而是用提醒東西忘了的語氣，保持態度溫和親切。

餐廳的出餐，與你點的品項不同。

#餐廳 #出錯餐點

例句1

是送錯桌了嗎？

例句2

（如果是點餐失誤）

那，我再等我的〇〇好了。

重點解說

如果你很確定是對方把餐點送錯桌，就用例句1，但要是店員接受點餐時聽錯了，就會有點尷尬。如果你還是想吃原先點的餐點，可以用例句2表明想再等正確的餐點送來，那麼店家就能放心地重新製作了。

餐點裡有異物。

例句 1

呃，這個是？（給對方看）

例句 2

不好意思，這個是不是……

重點 解說

要是大聲喊出餐點裡有頭髮、小蟲子等，旁人也會覺得很噁心。如果是一看就知道有異物，那麼直接拿給店員看就好，如果不是很確定，就小聲地向店員求證。

在公共場合的建言

#餐廳 #夾雜異物

Column

「責備」與「讚美」

害羞內向者適用的「不生氣責備法」

聽到「責備」，你會想到什麼呢？恐怕是媽媽對孩子說教、上司對下屬發飆等上位者指出下位者做錯事的畫面吧！

但這種方式已經過時了，現在的心理指導課程和父母養成教育，都在推崇一種不發脾氣的責備方式。請你想想看，一個接受「照我的話去做就不會挨罵」教育的孩子，只會越來越被動，因為只要乖乖聽命行事就好了。另一種方式是，父母冷靜地解釋問題出在哪裡，讓孩子明白後修正行為模式，並獲得父母的讚美。這是一種正向、成功的體驗，能讓孩子更有自信，更加想獲得這種成功的體驗。父母會喜歡哪一種方式呢？當然是後者。

人的心理機轉，基本上大人和小孩是一樣的，因此這套方式也適用於上司責備下屬時。就這點而言，個性害羞內向的人，會比個性強勢的人更能成為一名優秀的指導者，即便無法用力把下屬拉上來，只要支持他，幫助他自我成長，那麼整個團隊依然能獲得成功。

以「讚美」代替「責備」

如果對方不是可以信賴的人，誰會甘心接受他的責備和指導呢？而贏得信賴的方法之一，就是「讚美」，而且不分男女老少都有效。讚美是一種「獎勵」，能夠看見別人的努力而大方給予讚美的人，肯定大受歡迎。

讚美的內容只要與外貌姿色無關——讚美外貌姿色有不慎演變成性騷擾之虞——大致都沒問題。害羞內向的人或許會擔心：「一點小事就讚美會不會被人嫌煩？」但其實小事情的讚美有其意義。例如你拜託別人的事，別人立刻辦好，這時千萬不要當成「理所當然」，應該大方讚美，對方才會覺得備受肯定而更加信任你。至於哪些情況會被人嫌煩、惹人討厭呢？就是話中帶有負面語氣時，例如「你做就是了，不必跟我回報」、「不做哪知道，做就會了啊」。

若是責備完，也務必記得讚美。「話說回來，〇〇這點做得很不錯。」肯定才能提升信任感。如果對方有所進步，你卻默不作聲，對方會質疑自己是否進步，甚至又退回原狀了。

Chapter 4

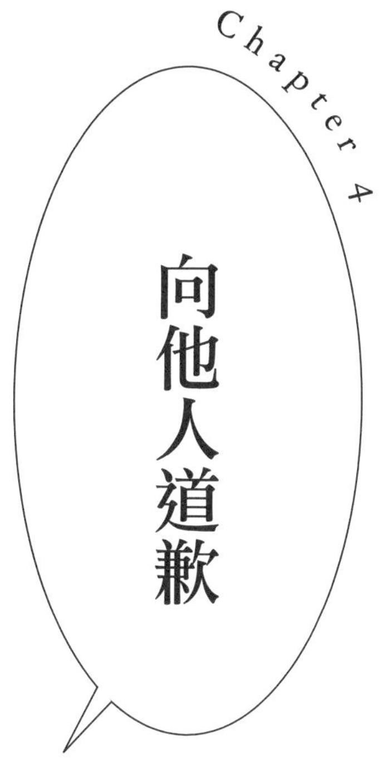

向他人道歉

不要找藉口，

應誠心誠意地表示歉意。

直接打電話最好。一直道歉到對方原諒你為止。

道歉時，有三要件缺一不可：「道歉的心意」、「說明緣由與經過」、「說明今後的改善方式」，否則可能道歉不成反倒火上加油。

至於哪一要件最重要？我認為因人而異。喜歡講道理的人，會追究事情的原因、結果，以及之後的改善作為。如果對方重人情，那麼務必充分表達出反省與道歉之意。

① 第一時間即打電話道歉

發生應該道歉的事情時，第一時間就要打電話道歉。電話不通才改用電子郵件或LINE，但過些時間仍必須打電話，因為電郵或LINE很容易被遺漏，而且你無法得知對方看到訊息後的心情。必要的話，應帶著點心盒親自登門道歉。數位派或許不在意這套禮節，但傳統派多半很重視，不帶點心盒還可能被謝絕拜訪呢。

②用態度和表情充分展露道歉之意

直接面對面，或是用視訊的方式向對方道歉時，必須努力展現出道歉的態度和表情。此外，如果一再重複同樣的台詞，會給人機器人般的印象，應多少加點變化。請平時多儲備一些道歉的常用句，以備不時之需。

③同理對方的心情

光表達歉意不夠，還必須說一些理解對方心情的話才能感動對方。如果聽起來都是你自己想說的話，很可能會是反效果。

不慎重複下單了。

#客戶 #重複下單

例句1

真的很抱歉，這完全是我這邊的失誤。

例句2

絕不會再有第二次了。請繼續支持我們，感謝！

重點解說

道歉時，應先承認自己的錯誤，低頭表示歉意，之後再說明原因。這個順序要是弄錯，會給對方「竟然先找藉口！」的印象而引來不快。此外，不僅要表達反省之意，也要積極爭取今後繼續合作。

看來要延遲交貨了。

例句1

真的很抱歉，我們預定要到×日才能交貨。

例句2

因為○○的關係，想跟你討論一下，將交貨日期往後延。

重點解說

能確定交貨日期就用例句1，不能確定就用例句2，但前後都要加上「真的很抱歉」、「向你致上深切的歉意」等道歉語。此外，不論理由為何，為延期交貨而致歉時，務必搭配困惑及疲憊的表情。

工作上的道歉

#客戶　#延遲交貨

忘記工作上的約會。

#客戶 #忘記約會

例句 1

害你特別把時間空下來⋯⋯，你生氣是應該的。

例句 2

都是我的錯⋯⋯，感謝你寬宏大量。

重點解說

在發現自己竟然忘了跟客戶有約時，肯定嚇得說不出話來，如果對方很生氣，那就全力道歉，爭取原諒。如果對方寬宏大量地說：「沒關係，人都有失誤的時候。」就要全心全意道歉並表達感謝。

對方搞錯日期，害你錯過會議。

例句 1

真的很抱歉，我應該自己確認日期的。

例句 2

我應該事先電話確認才對。真是抱歉。

重點解說

決定日期後沒再用電郵確認是你的疏失，就這點，你應該認錯致歉。如果你已去信確認，但對方未回覆，也算是你的確認工作不到位，總之，只要對方覺得受到冒犯，就先致歉吧。

#客戶 #對方的錯

忘記對方的名字了。

#客戶 #忘記名字

例句 1

之前跟你要過名片，但能不能再跟你要一張你最近的名片？

例句 2

啊，請問你名字的漢字怎麼寫？

重點解說

久違之後見面，最好再交換一下名片比較妥當。如果你的面前剛好有文件，可以假裝要填寫對方的名字而請教其姓名的寫法。不過，如果對方說「吉利的吉，三條直線的川」，容易想成「yosikawa」，但其實念法是「kikawa」，須注意。（譯著：兩者都是吉川的日文發音，日名中同樣的漢字可能會有不同的唸法）

前幾天，真是謝謝你
我才是一直承蒙你很多的照顧！
!?
這個人是誰啊……
你的提案非常棒喔！
謝、謝謝！
???
誰啊、誰啊、誰啊……
對了，你名字的漢字怎麼寫啊？
!
吉利的吉，三條直線的川，晴天的晴，akira 啦！
safe！
yosikawa 先生~
是 kikawa 啦，你忘了我的姓怎麼唸啊？
out！

不慎失言。

#客戶 #失言

例句 1

我不小心說了失禮的話，
請原諒。

例句 2

我不該說出年輕人不知分寸的話，
請你大人不計小人過。

重點解說

要像時代劇那樣，用誇張的方式為失言道歉、謝罪。例句1用在直接說出內心話而造成對方不悅時。例句2用在對年長者提出反對意見而遭到對方瞪視時。

雖是下屬的疏失，但身為上司，必須道歉才行。

例句 1

真的非常對不起，**身為上司，我有絕對的責任。**

例句 2

我會好好指導，**絕不再發生這樣的事。**

重點解說

為下屬的疏失致歉也是上司的職責之一。對外要遵循商業禮儀，做出合乎一個主管職責的道歉。

忘記傳話了。

#上司、前輩　#忘記傳話

例句1

不好意思，我原想等回去後再轉達給您的，結果不小心忘了。

例句2

實在很抱歉，我以後會好好筆記下來，絕不再發生這種事。

重點解說

忘記把話傳給前輩、上司時，周遭射來的目光肯定刺痛難受，無論如何，只能先道歉了，如果能再表示反省，並提出改善對策，那麼別人應會（多少）安慰你一下吧。

被糾正說錯話了。

例句 1

是喔！還好你糾正我了！謝謝。

例句 2

我的辭彙太少了，真的很丟臉。聽你說話，每次都能學到很多。

重點解說

說錯話的時候，例如敬語的使用方式錯誤，光說一句「抱歉」而已，會讓現場氣氛變得凝重。俗語說：「問乃一時之恥，不問乃一生之恥。」從別人那裡獲得教誨是該感到幸福的事，應誠心表達謝意與敬意。

太激動而不小心說話太過分。

#職場 #措辭太重

例句 1

剛剛討論得太熱烈，不小心措辭太重了，
非常抱歉。

例句 2

我講話太粗魯了，
實在好丟臉。

重點解說

誰都有衝動、情緒失控的時候。此時別心急，趁對方還在翻白眼時趕快道歉，然後迅速恢復你本來的樣子，彷彿什麼事都沒發生。

出差回來時忘了帶當地土產。

例句 1

我在當地買不到土產，
所以在羽田機場（東京車站）買了（笑）。

例句 2

我出差時沒時間買土產，
所以請大家吃我家那邊的土產（笑）。

重點解說

偶爾一次忘了帶土產，旁人應該不會介意才對。即使不是出差當地的名產，例如附近車站販賣的地方特產等，都能表達出你的心意。

#職場　#出差忘記帶土產

遲到了。

#同事、朋友 #遲到

例句 1

抱歉、抱歉，真的很抱歉！

例句 2

（小跑步）真的很不好意思，我剛剛被塞在車陣中了。

重點解說

為遲到而致歉時，除了說出致歉用語，還要做出小跑步趕到碰面地點的動作。如果還悠哉悠哉地走著，然後說「讓你久等了」，會讓人翻白眼地嘀咕：「還真大牌！」

哐噹！
哐噹！
糟了！
哐噹！
糟了！糟了!!
衝！
啊！前輩！
我正在最後衝刺!!
真的很抱歉！電車遲到了！
呵——
嘿——
呼——
哈——
那也沒辦法啊～

後來才知道是誤解對方的發言內容了。

#同事、朋友 #誤解

例句1

抱歉，我完全想錯了！

例句2

原來如此啊，謝謝你的解釋。

重點解說

將「誤解」像例句1那樣換成「想錯了」或「聽錯了」這類表示「不小心」、「非故意」的用語，可以淡化衝突。如果對方並不在意你的誤解就沒必要道歉，而是像例句2那樣表示感謝。

把借來的東西弄丟了。

例句1

真的很抱歉，我把跟你借的╳╳弄丟了。

例句2

我想買新的還給你……

發現自己把借來的東西弄丟時，第一時間就要馬上道歉。如果弄丟的是書籍、CD等市面上買得到的東西，應先表明願意買新的償還才有誠意。

社交上的道歉

#同事、朋友 #借東西 #遺失

沒別的意思，純粹是忘了邀約。

#同事、朋友　#忘了邀約某人

例句1

大家都在問：「為什麼沒邀○○？」
真的很抱歉，是我的疏忽。

例句2

我太不小心了，真的很不好意思，
下回一定邀你喔。

重點解說

沒被邀請的人，一定有被人排擠的感覺吧?!因此，這時就要用例句1，除了道歉外，還要表示大家都覺得很遺憾。也不要忘了像例句2那樣，表示下回一定會邀請對方。

忘記歸還喝咖啡的錢。

例句 1

不好意思，我忘記還了，**請接受我的道歉**（同時遞上飲料）。

例句 2

（在咖啡館）**為了表示我的歉意，今天我請客吧！**

重點解說

如果是跟朋友借錢買自動販賣機的咖啡，道歉時別忘了附贈一罐飲料當利息，對方就不會記仇了。如果是在咖啡館喝咖啡，回請咖啡當償還時，也可再附贈甜點。

#同事、朋友 #忘了歸還咖啡錢

忘記歸還借來的書。

#同事、朋友 #還書

例句1

太晚把書還你了，不好意思。
這本書真好看。

例句2

這本書借了好長時間，真是抱歉，
沒想到會看這麼久。

重點解說

還書時，如果能加上「真好看」、「花了好多時間閱讀」這類表示你真的有在閱讀的話語，對方會開心一點。

退掉社群媒體的追蹤，結果被發現了。

例句1

因為你都是貼一些讓人流口水的美食，搞得我總是肚子好餓好餓。

例句2

我對手機的操作不熟，無法看到你的更新內容，不好意思啊！

重點解說

就算朋友取消對你的追蹤，你也不應責怪，可就是有人會質問：「為什麼？」如果對方老是貼一些美食照片，你可以用例句1唬弄過去；如果對方是經常更新貼文的人，你可以乾脆用例句2，表明自己是個IT白痴。

臨時無法參加聚會了（臨時取消）。

#同事、朋友 #臨時取消

例句1

很抱歉，因為○○的關係，今天沒法參加了。**該繳的錢我過幾天匯給你。**

例句2

突然變成○○了，真的很遺憾。**下次我一定要參加。**

重點解說

說好要參加，卻臨時取消，這種時候不僅要道歉，還要表明願意支付預訂的費用。如果日後仍希望對方邀你，別忘了表明心意。

朋友向你訴苦，結果你說：「這是常有的事。」惹得對方不高興。

例句 1

不好意思，
每個人對事情的感受都不一樣吧。

例句 2

我只要一想：「這是常有的事。」心情就會比較好。
或許每個人都不一樣吧。

重點解說

面對自我意識強烈的人，如果你把他的煩惱跟你自己的煩惱混為一談，可能會惹他不高興。如果你仍打算用「這是常有的事」來安慰他，最好把你的想法用例句2的方式表達出來。

為說謊致歉。

例句1

不好意思，你一定很生氣吧。

例句2

對不起，我沒有惡意，請別放在心上。

重點解說

說謊有時乃權宜之計，但基本上這不是值得推崇的事。如果說謊被拆穿，應該直接承認，將心比心地向對方道歉。道歉後可以再加上例句2。

為洩漏祕密致歉。

例句 1

真的很對不起，
我知道你是因為信任我才跟我說的……

例句 2

對不起，我想說可以請〇〇幫忙，
所以就找他商量。

重點 解說

你的洩密行為，應該讓對方很受打擊，因此，應顧及對方的心情，先誠心誠意地道歉。如果你是認為應找第三人商量才把祕密說出去，那麼就向對方說明你的心思，讓他明白你是出於擔心他。

對方問：「你猜我幾歲？」結果你回答的歲數比他實際還要大。

#同事、朋友　#失言

例句1

真的很對不起，我每次猜年齡都猜錯（笑）。

例句2

因為你看起來很成熟穩重……。

重點解說

例句1是聰明的做法，用自嘲來敷衍失言。例句2的「成熟穩重」還可以換成「個性沉著冷靜」、「堅定可靠」、「值得信賴」等。

原想讚美對方，卻惹他不開心。

例句 1

沒想到你會在意〇〇這件事。
我自己是很╳╳，所以很羨慕〇〇的人。

例句 2

如果惹你不開心，真的很抱歉。
可是，**我一直認為〇〇是很棒的事。**

重點 解說

如果你只是客套地稱讚一下，或許對方不會特別介意。如果你是認真要這樣稱讚對方，那即使對方不開心也不要閃躲，認認真真地稱讚吧。

被鄰居嫌太吵。

#鄰居 #噪音

例句 1

真是對不起，
那麼，能不能告訴我你最介意的時段？

例句 2

真是太對不起了。
下次如果還是太吵，再請你跟我說一聲。

重點解說

鄰居說你太吵的目地，不是討厭你或向你抱怨，而是想恢復安靜的生活。或許對方的聽覺太敏感，無法忽視別人日常生活所發出的聲音。無論如何，應該先道歉，然後找出一個你們雙方都能和平共處的方式。

倒垃圾時，被鄰居說：「請你注意一下。」

例句 1

不好意思，
可以請你告訴我是什麼問題嗎？

例句 2

是我沒搞清楚，真不好意思，
謝謝你告訴我正確的分類方法。

重點 解說

或許你覺得很煩：「也太瑣碎了吧？」、「管人家的垃圾怎麼分類，太雞婆！」但無論如何，禮貌上還是要感謝對方的指正。

瞞著另一半買昂貴物品，結果被抓包了。

#另一半 #花錢

例句1

對不起啦，我應該先跟你商量的。

例句2

我實在太想要了……對不起啦。

重點解說

如果你們之間有「購買昂貴物品必須徵得對方同意」的協議，那麼你偷買而被抓包，就要有所覺悟——只能乖乖道歉了。如果對方質問為何購買，千萬不要找藉口說是「投資自己」，應該誠心誠意地懺悔才對。

高爾夫球具……，
我不記得有這個啊～
什麼時候
買的?!
被發現
了!!!
高爾夫球是成熟
大人的興趣啊。
陪上司打高爾夫，
也是獲得提拔的捷
徑喔！
所以啊，我買這個
算是投資自己喲。
那，我是因為實
在太想要了……
我也投資
自己了喔
★
美容
導入儀
美容
飲料
美容保健食品
太
強
了

忘記另一半的生日。

#另一半 #紀念日

例句 1

真的太對不起了，**我們今天來慶祝吧！**

例句 2

啊，我忘記了！**我明明很想大大慶祝的（自責）。**

重點解說

當另一半的生日過了才想起來時，第一件事就是道歉。「我太忙了」這種藉口恐怕是自掘墳墓。建議像例句1那樣提議立即慶祝，或是像例句2那樣表達你也很想慶祝，將談話氣氛引導到積極正向的一面。

忘記家人拜託的事。

例句 1

抱歉，我現在馬上做。

例句 2

抱歉，我還沒空做。

重點 解說

如果你能馬上做，那就快去做。如果你直接說「我忘了」肯定會惹怒對方，建議用例句2。無論如何，先道歉再說。

#重複約定

忘記要跟家人外出的事而安排了另一件事。

例句1

抱歉，抱歉，我把那件事推掉。

例句2

我很想和大家一起出去的……（遺憾貌）

重點解說

忘記約好跟家人外出的事而安排了另一件事時，家人應該會投來「你選那邊？」的目光。按理說應該以家人優先，但如果你說完例句1，家人回以「下次再去也可以啦」的話，就再補充例句2，但表情要顯得很遺憾，如果顯得很開心，對方肯定火大。

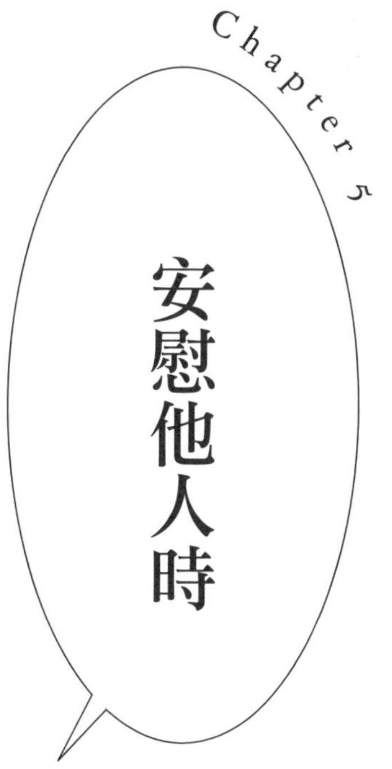

Chapter 5 安慰他人時

如果有扳回一城的機會，
就幫忙加油打氣。
如果無法挽回而徒留悲嘆，
就寄予關心和同情。

基本原則

用肯定且正向的言語，安慰正在煩惱、沮喪的人。

哪些困難、痛苦，是言語無法形容的呢？身體的痛楚便是其一，而心裡的痛楚也是旁人難以體會。因此，當你表示「我了解你的心情」時，有人會反駁：「你根本不了解！」此外，一句輕率的「加油喔」，有時反而徒增對方的壓力。建議你可以改用「你很努力了」、「你做得很好了」等肯定對方的正向言語來加以安慰、鼓勵。

① 傾聽對方的心聲，給予正向的肯定

訴苦也是一種解壓方式，透過傾訴悲慘的經驗，有時可以重新整理心情。傾聽對方的訴苦時，應適時發出肯定的話語，千萬不能反問：「你怎麼會那樣做呢？」反問原因、理由，對方會覺得你是在否定他。

②告訴對方：「需要幫忙時說一聲。」

持續心情低落的話，有些人會喪失生存意志，或是關在家裡不敢出門。為防止這種狀況，應告訴對方：「有我幫得上忙的地方，別客氣，跟我說。」當身處困境中的朋友向你提出請求，表示你的確值得依靠。

③關心對方的健康

對於尚未從打擊中振作起來的人，與其關心他的心理狀態：「會不會很孤單？」不如關心他的健康：「睡得好嗎？」、「有沒有正常吃飯？」這樣對方才比較容易回答。而且，飲食、睡眠話題容易連結到美食、溫泉，就可以順便約對方出去散散心。

加油鼓勵式的安慰

因人事異動被調走而鬱鬱寡歡。

#人事異動

例句1

聽說那個單位好像挺不錯的喔。

例句2

一定會有好機遇的。

重點解說

對一個即將被調出去的人而言，來自新部門的正面消息比什麼都更有鼓勵作用。此外，不論對方擔任何種職務，你都可以鼓勵他：「到新部門去，一定會有新的機遇！」

沒通過升遷考試、資格考試。

例句1

你很努力了，真的好可惜喔。

例句2

好啦好啦，我知道你盡力了！

重點解說

例句1聽起來像是隨口的安慰，但可以表達出你明白對方已經盡心盡力，因而深感遺憾的心意。如果對方是你的家人或另一半，你可以摸摸他的頭或是抱抱他說：「好啦好啦，我知道你盡力了！」藉肢體接觸來給予安慰。

加油鼓勵式的安慰

#考試　#考試沒通過

因工作上的失敗而沮喪。

#工作失敗

例句 1

話說「失敗為成功之母」啊！

例句 2

好好轉換心情，下次再試！

重點解說

失敗和成功不該被放在對立面，失敗的前方就是成功才對。面對因為失敗而灰心喪志的人，你可以請他想像成功就在失敗不遠的前方，請他好好穩住邁向成功的腳步。

因人際關係出狀況而情緒低落。

例句 1

我永遠站在你這邊支持你！

例句 2

人際關係本來就好難啊！

重點解說

為人際關係苦惱的人，可能會覺得：「都沒人幫我……」這時，請用例句1，直接告訴對方：「我支持你！」也可以像例句2那樣分享自己的經驗，以同理心來作為鼓勵。

和戀人分手而孤單寂寞。

#戀愛

例句 1

想訴苦要記得和我說喔！

例句 2

想不想做點什麼來轉換心情？我陪你！

重點解說

在還沒發展新戀情之前，失戀的人可能會找不到人一起聊天、度過假日時光。這時，你可以陪他聊天，或者提議一起吃飯、出遊等，都是不錯的安慰方式。

參加婚友聯誼活動不如意而心急。

例句 1

放心，你一定可以的！

例句 2

沒問題的，因為你很棒啊！

重點 解說

對方可能已經做了各種努力，因此你沒必要再給忠告：「應該〇〇比較好喔！」這種時候，請你直接百分百地肯定對方：「你一定可以的！」、「沒問題的！」幫他消除內心的不安吧。

加油鼓勵式的安慰

婚友聯誼活動

為網友的酸言酸語而難過。

例句1

看那些酸言酸語當然會難過。以後只看開心的留言就好了！

例句2

他們應該是羨慕嫉妒吧！

重點解說

人的價值觀不一而足。網路上不會盡是酸言酸語，很多人也會慷慨地給予正向的留言。對於遭受酸民攻擊而心情低落的人，你就當個最給力的啦啦隊代表，傳些加油打氣的訊息給他吧。

為錢包不見而心情不好。

例句 1

別難過，一定會出現的。

例句 2

那，今天我請客吧！

重點解說

和婚友聯誼活動的狀況一樣，請用正向的言語來鼓勵。當對方心情不好時，請他喝飲料、吃甜食能發揮療癒作用，很受歡迎。

加油鼓勵式的安慰

#遺失物品 #錢包不見

別人選的餐廳，結果餐點不符期待。

#外食　#難吃的料理

例句1

沒關係，當作一個經驗吧！

例句2

這也算是一個難忘的回憶呢！

重點解說

對方選的餐廳，結果踩到雷，相信對方心裡也不好受。這時，如果你能大器地說：「沒關係，當作一個經驗吧！」就能與對方度過愉快的聚餐時光。其實這種經驗更容易留在記憶中，日後還能拿出來當笑話聊。

麵
ㄊㄙ
這家的麵，網路上評價很高喔。
好期待！
開動！
呃……？
麵都軟掉了，湯也沒味道……
謝謝！
沒關係，就當作一個經驗吧，還能成為難忘的回憶喔！
踩到雷，真不好意思。我們去喝個飲料換換口味吧！

被小朋友叫「叔叔（阿姨）」而難過。

#衰老

例句 1

童言無忌，不用理會……

例句 2

小朋友不懂事，不知道其他的叫法，只知道叫叔叔、阿姨吧？

重點解說

特別是二十多歲、三十多歲的人，如果被小朋友叫叔叔、阿姨，都會很震驚吧。但別在意，對小朋友來說，叔叔、阿姨就跟高年級生一樣，只要是大人，都被歸類成叔叔、阿姨的。

被年輕人讓座而傷心。

例句1

是因為你看起來有點虛弱（或有點疲累）吧？

例句2

現在的小孩子都很有愛心呢。

重點解說

請提供另一種觀點，即讓座不是因為對方顯老，而是因為「看起來有點虛弱」。例句2是直接轉換成正向的話題，聚焦在讓位者身上，與被讓座者的外貌無關。

朋友在意最近變胖了。

#體型

例句 1

是嗎？

例句 2

總比不健康地變瘦好啊！

重點解說

本人往往比旁人更在乎自己的體型，但直接這樣說就太露骨了，等於你根本不在乎他。聰明的做法是聽聽就好，別跟著鑽牛角尖。再說，吃得胖表示身體很健康啊。

在意頭髮越來越少。

例句1

是嗎？

例句2

對了，說到頭髮……（改變話題）

重點解說

「以年齡來說，這樣的髮量很正常吧。」、「頭髮又不是人生的全部。」這種安慰對在意頭髮的人是行不通的。這時，應該用例句1，聽聽就算了，然後接著用例句2，轉換成別的話題。

#衰老 #髮量變少

在意人老色衰。

#衰老

例句 1

注重外表的人都很優秀呢。

例句 2

我最近也為〇〇而苦惱……

重點解說

在意外表美觀與否的人，通常一點小變化都不放過。例句1是稱讚對方的上進心。也可以像例句2那樣說出自己的煩惱，然後邊聊邊互相鼓勵。

支付違規停車的罰款，懊悔不已。

例句 1

壞運用掉後，現在會開始走好運喔，要不要買張樂透？

例句 2

都說老天爺會特別注意車子，這是為了守護我們的交通安全啊。

重點 解說

也建議可以用「我也有被罰過……」、「繳罰金真的很痛耶！」等違規停車的各種經驗談來同理對方的心情。

占卜出現不好的結果。

#占卜 #凶

例句1

就當作是老天爺給的忠告，提醒你要謹慎小心。

例句2

你要相信自己可以改變命運的。

重點解說

占卜具有提醒人們謹慎行事的功能。只要占卜的人夠在意，就等於發揮了忠告的效果。因此不妨將占卜當作對未來的一種警示，正面地看待它吧。

我們來抽個籤吧！
好啊！
大凶!!
就當作是老天爺的善意提醒，要我們更小心才能趨吉避凶。
是喔……
我來求廁所女神保佑我吧。保佑我遇到好事情……
接下來就把廁所打掃乾淨吧！
啊，十圓！
就當作是老天爺的善意提醒，要我們更小心才能趨吉避凶。

朋友的孩子大學考試落榜，決定重考。

#大學考試 #落榜

例句 1

這種不屈不撓的精神，值得敬佩呢！

例句 2

小孩決定再拼一年，值得敬佩，你們當家長的能夠全力支持，也是相當了不起。

重點解說

不要把焦點放在大考失敗，而是正面地看待決定重考這件事，並且給予支持。希望明年能夠開心地跟他們道恭喜。

朋友的孩子高中考試落敗。

例句1

你們家○○還好嗎？

例句2

你們家○○應該已經從這次的經驗中學到不少了。

重點解說

為了孩子的高中考試，父母要接送、準備便當等，壓力並不小，如果孩子沒考上，肯定也大受打擊。不過，考試終究孩子才是主角。例句1是將話題移到孩子身上，例子2則是引導對方正面地看待這次的寶貴經驗。

加油鼓勵式的安慰

#高中考試 #失敗

朋友被青春期的孩子說：「我討厭你！」而陷入低潮。

例句 1

這很正常啊，
青春期的親子關係本來就是這樣的。

例句 2

孩子長大了，是值得高興的事，很羨慕呢！

重點解說

青春期的孩子跟父母唱反調，表示孩子正在長大成人的階段。請告訴你的朋友，這種狀況或許會讓父母感到失落，但在旁人眼中，這是值得高興、令人羨慕的事，請他好好打起精神吧。

已經長大成人的孩子不想結婚，令父母傷腦筋。

例句1

這個時代，不婚的人很多啊。

例句2

他應該是很享受他的工作吧!?

重點 解說

認定「結婚才正常」的人，如果知道「不結婚也很正常」、「人生未必要有小孩」等價值觀在今日社會相當普遍，應該會多少安心些。可以用例句2，將焦點轉移到工作上。

加油鼓勵式的安慰

無法兼顧工作與育兒而考慮辭職。

#職業婦女　#辭職

例句 1

不論你做何決定，我都支持你。

例句 2

想聊聊的話，隨時找我。

重點解說

放棄穩定的工作肯定叫人不安。面對這樣的朋友，你應該好好傾聽他的煩惱，並且表示支持，這會是最大的鼓勵。

遭遇意外事故。

例句1

我好擔心你喔！平安就好！

例句2

要是有什麼困難，別客氣，跟我說喔！

重點解說

對於一個才剛死裡逃生的人，如果你跟他說：「能夠活命真是不幸中的大幸。」對方會覺得莫名其妙吧。這種時候，你應該告訴他你有多麼擔心，而他平安無事，你有多麼開心，而且別忘了加上例句2。

加油鼓勵式的安慰

#災難　#事故

慰問因傷病正在療養中的人。

#探病

例句1

期待很快能看到健健康康的你。

例句2

看到你這麼努力地跟疾病戰鬥，我覺得很受到激勵。

重點解說

當然也可以簡單地說：「祝你早日康復。」但像例句1那樣，再加上「期待看到恢復健康的你」，會更有禮貌、更積極正向。如果是很嚴重的疾病，可以用例句2這種鼓舞方式。

因寵物死掉而悲傷。

例句1

一定很難過吧。

例句2

可以再讓我看看牠的照片嗎？

重點解說

失去寵物的悲傷，或許沒養過寵物的人難以體會。如果不知說什麼才好，可以說完例句1，接著再說例句2，然後邊看照片邊聽對方聊聊寵物生前的點點滴滴。

遭遇災害而成為受災戶。

#受災

例句 1

這真的很慘呢。

例句 2

如果不會給你添麻煩，有什麼我能幫上忙的，盡量跟我說。

重點解說

例句1雖簡單，但很管用，可以表示你的理解與感同身受。如果你想幫忙，請先詢問對方有何需要再行動。

喪偶。

例句1

節哀順變。

例句2

……（給予擁抱、握手、抱肩等肢體接觸）

重點解說

使用慣用語比較安全，不致傷害對方；千萬不能使用「你應該很寂寞吧」這類認定對方的心情該如何的用語。如果你們的關係很好，可以用肢體接觸來取代安慰言語，表達你的感同身受。

前幾天，真是謝謝你
我才是一直承蒙你很多的照顧！
這個人是誰啊……
!?

國家圖書館出版品預行編目資料

害羞內向的人，這樣說話增加好感度 / 五百田達成著 .
-- 初版 . -- 新北市 :
幸福文化出版社出版 : 遠足文化事業股份有限公司發行 , 2022.08
ISBN 978-626-7046-96-8(平裝)

1.CST: 說話藝術 2.CST: 溝通技巧 3.CST: 人際關係

192.32 111009586

害羞內向的人，這樣說話增加好感度

気弱さんのための言いにくいモノの言い方

監　　修：五百田達成
責任編輯：黃佳燕
封面設計：@Bianco_Tsai
內頁設計：王氏研創藝術有限公司
印　　務：江域平、黃禮賢、李孟儒

出版總監：林麗文
副 總 編：梁淑玲、黃佳燕
主　　編：高佩琳、賴秉薇、蕭歆儀
行銷企畫：林彥伶、朱妍靜

社　　長：郭重興
發行人兼出版總監：曾大福
出　　版：幸福文化／遠足文化事業股份有限公司
地　　址：231 新北市新店區民權路 108-1 號 8 樓
網　　址：https://www.facebook.com/happinessbookrep/
電　　話：（02）2218-1417
傳　　真：（02）2218-8057
發　　行：遠足文化事業股份有限公司
地　　址：231 新北市新店區民權路 108-2 號 9 樓
電　　話：（02）2218-1417
傳　　真：（02）2218-1142
電　　郵：service@bookrep.com.tw
郵撥帳號：19504465
客服電話：0800-221-029
網　　址：www.bookrep.com.tw

法律顧問：華洋法律事務所　蘇文生律師
印　　刷：通南印刷有限公司
初版一刷：2022 年 8 月
定　　價：360 元